VSX9

Yo
y
mi mundo

Colección: Los sapitos vaqueros

Yo
y
mi mundo

Fabio Silva Vallejo

Ilustraciones

Cristina Salazar

Tres Culturas Editores

Primera Edición: Abril de 1994
                  3000 ejemplares

ISBN 958-9096-24-7

Ilustracion de la cubierta
e ilustraciones interiores: Cristina Salazar

Diagramación: Editores y Autores Asociados

Derechos reservados: © Fabio Silva Vallejo

                                © TRES CULTURAS EDITORES
                                Apartado Aéreo: 77596
                                Transversal 30 # 81 - 49
                                Bogotá, D.C. Colombia

Impresión: Panamericana. Formas e impresos

Hecho en Colombia
Printed in Colombia

*U*n libro escrito pensando en los habitantes de tu imaginación.

Para Eliana María, María Paula, Monique, María Mónica, Kelmis, Malka, Julián Andrés, Michael, Leonardo, Juan Diego, Guillermo, Igor y Didier, trece esperanzas en la tierra.
Para Laura Marcela, una esperanza en el cielo.

Contenido

los animales y yo

El helicóptero de pulgarcito que en las mañanas de sol y alegría pasa besando a sus amigas las flores.

el colibrí

*D*os mojoncitos de nube que le robaron nueve letras a un cazador, se untaron de Arco Iris y ahora vuelan con las alas que un ángel les prestó.

la guacamaya

*M*edio rayito de Sol que se amañó en la tierra y aprendió a cantar.

el canario

Don Pedro, el pescado al que no le gustaba mojarse la barriga ni la espalda y se hizo un abrigo con pedacitos de botones, peines y cachos de vaca.

la tortuga

15

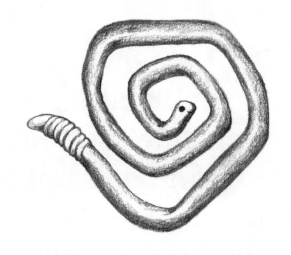

*U*na muestra
pequeña que se escapó de la
maleta de un vendedor de
ríos.

la lombriz

*J*uaco, un burrito desobediente que no le hacía caso a su mamá de cambiarse la piyama para salir a jugar y como castigo ya no se la puede quitar a ninguna hora.

la cebra

*T*ía jirafa la que se hizo cirugía plástica y se quitó las manchas con agua, jabón y jugo de limón.

el venado

17

Sam, el venado travieso que un día se comió una palmera y se le manchó la piel con el agua de coco.

la jirafa

Kaiser, el perro callejero que se cansó de ser pobre, se pintó de amarillo, dejó crecer su barba, el bigote y la melena. Se puso una vieja corona que encontró en un basurero y cambió su guau-guau por el ronquido de Felipe, un mendigo gordo y cachetón.

el león

Pérez, el ratón al que se le cumplieron sus tres deseos: poseer una fábrica de bolas de billar, ser tan grande como un jugador de baloncesto y tener una manguera como la de don Carlos, su vecino bombero.

el elefante

20

la naturaleza y YO

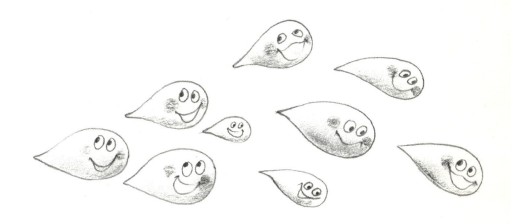

Miles de lágrimas alegres que huyen de un cazador que las quiere encerrar en la jaula de la tristeza.

el río

*B*lanquita, la nube
que llora de tristeza cuando
su mamá la deja solita.

la lluvia

Una lágrima que se volvió grande.

el mar

Una gotica que se tomó toda la sopa.

el lago

25

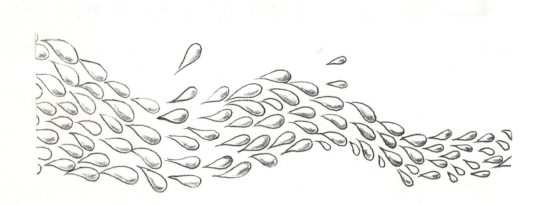

*M*iles de gotas que corren presurosas hasta el mar para jugar policías y ladrones.

los ríos

Un río que cansado de nadar, ahora vuela bocabajo.

la tempestad

El grito de papá Nube cuando su hijo le cuenta que en la tierra hay brujas feas y ogros malos.

el trueno

*L*a flecha que siempre se le escapa a San Pedro cuando está jugando con su hijo a los indios.

el rayo

*L*a abuelita de las nubes que cuando se cansa de caminar por el cielo baja a la tierra y se queda dormida en los picos de las montañas.

la nieve

*C*opos de esperanza que sueñan un día bajar a la tierra para rociar un maizal.

las nubes

*E*l ojo de la noche que se enamoró de la tierra y sólo se abre cuando ella está dormida.

la luna

*H*ermano Sol, que de vez en cuando amanece con ataque de melancolía, le pide a la Luna que se vean para recordar, al menos por un segundo, que hace muchísimo tiempo los dos fueron novios.

eclipse de Luna

30

*U*na noche enamorada a la que en ocasiones se le cumple el deseo de ser día por unos pocos segundos.

eclipse de Sol

*E*l fuelle de Dios que con su aliento cristalino y su vaivén afiestado le recuerda a Margarita que se suelte las trenzas y eleve una cometa.

el viento

Stella, la estrella traviesa que se perdió en el día y cada agosto le pide a un niño que le ayude a llegar al cielo, donde lo extraña su madre: la noche.

la cometa

Redonda y gordita, la nube que capturó el hombre para volar sobre ella en aquellos días en que amanece creyendo ser el viento. Le puso unas tirantas y la mantiene a dieta con aire de inflar bombas para que no se le escape con la brisa de la noche.

el globo

*D*on rayo que cuando dejó de ser niño se convirtió en pájaro, le brotaron plumas de acero, su voz se hizo de trueno y entró a trabajar como mensajero de los hombres.

el avión

*L*as hermanas lejanas de las luciérnagas que se aburrieron de la algarabía de los grillos y buscaron la calma del cielo.

las estrellas

35

YO y mis pensamientos

Un colibrí que se quedó dormido sobre una rosa.

la ternura

*T*ico, un pollito correlón comiéndose un gusano distraído.

la alegría

40

*E*l gusano perdiéndose en el pico del pollito correlón.

la tristeza

*P*ilín, el bichito que te muerde el pelo y los dientes, cuando llegas de la escuela y tu madre te recibe con un jugo de guayaba y galletas de vainilla.

el amor

*T*ener la seguridad de que, en algún momento, todas las montañas se reunirán para formar una gran escalera, desde donde puedas ver los enanitos que llenan las nubes con agua y las luciérnagas que cabalgan sobre ilusiones de fantasía y que brillan como estrellas.

la fe

Olegario, el rey león poniendo la otra mejilla para que un ratoncillo, parado en un viejo tronco, termine de reprenderlo por haber interrumpido su siesta mañanera.

la humildad

Adelina, una hormiga que ha hecho un poderoso escudo con una hoja de yerbabuena y una temible espada con una ramita de pasto para enfrentarse a una estampida de elefantes.

la seguridad

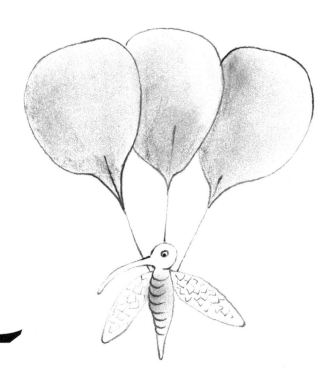

*F*acundo, el zancudo que
construyó un paracaídas
con pétalos de rosa por si
acaso le fallan sus alas.

la inseguridad

Gustavo, el pavo que desprecia a las gallinas porque está convencido que tiene sangre real.

la arrogancia

Tres lágrimas de cocodrilo en donde ha naufragado una pulga saltarina.

el destino

I van, el ratoncito que creció y creció y se volvió león.

el miedo

1 387 loros, 5403 micos, 754 guacamayas, 1325 canarios, 53 perros, 106 gallos esperando que un pintor les dibuje la boca para reírse a carcajadas.

el silencio

48

5 403 loros, 1387 micos, 754 guacamayas, 1325 canarios, 53 perros, 106 gallos y el pintor dibujándole el pico al último gallo.

el ruido

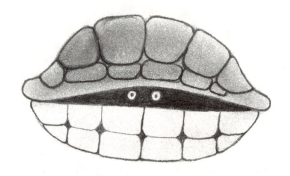

*O*lga, la tortuga que nunca le ha mostrado al mundo su cabeza, sus manos, sus patas, ni su cola, porque tiene miedo que al hacerlo, alguien le invada su casa.

la desconfianza

Doña abeja cuidándole una gota de miel a su amiga la hormiga, mientras ella le rasca la puntica de la nariz al oso hormiguero.

la confianza

El hombre que observa impaciente a mamá langosta dando sus últimas patadas dentro de una olla con agua caliente.

la crueldad

G rande, gordita o chiquita, alta o flaquita, una niña que te mira con ojos de alegría y te dice te quiero con palabras de colores y sabor a fantasía.

mi mamá

*D*oña guacamaya, el mar, la seguridad, el sol, la jirafa, la lluvia, el miedo, la alegría, la laguna, el amor, la luna, el río, las estrellas, el trueno, la tristeza, los eclipses, las nubes, el viento, la cometa, el globo, el avión, la nieve, el león, la tortuga, el silencio, la desconfianza, el ruido, la fe, la amistad, el venado, la tristeza, el canario, la confianza, la ternura, el elefante, la arrogancia, el rayo, la humildad, la lombriz y el colibrí.

El niño